# M.ª Inmaculada Álvarez Pedreira

# Anasba, amor, abîr

Premio Internacional
Artemisa de Primer Poemario 2024

Un jurado compuesto por Julián Cañizares Mata,
Pilar Redondo y Bartolomé Delgado Cerrillo,
otorgó
el Premio Internacional
Artemisa de Primer Poemario 2024
a M.ª Inmaculada Álvarez Pedreira por su poemario
*Anasba, amor, abîr*

Calleja de los Afligidos, 2 - 14001 (Córdoba)
Tef. 676050542 - *ediciones@detorreseditores.es*
*www.detorreseditores.es*

ISBN: 978-84-10279-14-8
Depósito legal: CO 1870-2024

Ilustración de portada:
Escultura creada por José Luis Checa

Diseño y maquetación: Detorres Editores
Primera edición: noviembre de 2024

Imprime: *La imprenta de los libros de papel*
Impreso en España

# M.ª Inmaculada Álvarez Pedreira

# Anasba, amor, abîr

Artemisa de Primer Poemario 2024

Déjame decirte lo que más quiero hoy de ti,
y, hoy, que ya no lo tienes,
vestir de nuevo con alheña
tus antiguas manos.
Calles ámbar, teja, ámbar. Olor ámbar y almizcle.
Olor y sabor, cardamomo, benjuí, azahar,
mirra, todo eso callas,
con ese gesto azafrán tan tuyo
de aljama que se aleja. No es un recuerdo.
Encaje, alheña al trasluz.
Aljama abajo está vivo el ataifor
de los aromas rawdyyat[1].
Seguir tus pasos de novia sarracena no es traer
únicamente tu memoria.
Besarte, amarte tal y como ya no eres,
alcanzarte aquí, es la distancia hasta tu nombre,
Anasba[2] de la voz ámbar. Posa tus pies.
Vuelve, deja caer tu encaje blanco tatuado,
tamiz, sobre mi corazón hecho de granadas.
Vuelve ahora que me desabriga la certeza
de que yo me quedo, yo me quedo
y tú te vas, wad-al-hayara[3], anasba, amor, abîr[4].

---

[1] Rawdiyyat: árabe. "De jardín".
[2] Anasba: sefardí. Doncella.
[3] Wad-al-hayara: árabe. Río de piedras.
[4] Abîr: árabe. Ámbar

A veces casi te encuentro
en la letanía ausente del muecín.
Desde el alminar inánime,
canta Sefarad porque se duele
de la culpa de otros y así, también, conversa,
casi te encuentro.

Como agua de rosas dentro
del barro cocido,
como los novios bajo la huppah[5],
almojábana en escudilla
de loza, algalia o sándalo.
Te improviso nazarí con ojos de aceite.
Te adjudico manos de alquimista
y pies enredados en músicas de
flauta con rabel, tambores,
risas que se disuelven en el murmullo ordenado
que emana la madrassa[6].

Me dicen que no te busque
y río abajo veo irse tu nombre.

.

---

[5] Huppah: hebreo. Velo que cubre a los novios en las bodas.
[6] Madrassa: Escuela donde se aprenden de memoria los textos sagrados judíos.

11

Para que no sólo sea verdad tu orfebrería de olores,
por la mañana, recojo tu sabor
de medina y cahal[7], tu sabor, sobre todo
a dátiles y naranjas amargas, a especias,
que se extiende como un taled[8] recién estrenado
sobre aliños de alcaravea y romero.
Aún con la boca encarcelada por ti,
continúo mi concierto de ingredientes medievales
y termino recorriendo todos los puestos
de tu inexistente zoco,
buscando el condimento secreto
que te haga visible entre el vapor sedoso
de una infusión de albahaca,
transverberada en los azulejos del patio más cercano,
adormecida
en la esquina más recóndita del interior de la sinagoga.

---

[7] Cahal: hebreo. Barrio judío.
[8] Taled: hebreo. Manto.

De camino a la almazara
he creído ver desvanecerse tu silueta.
Me apresuré soñando en alcanzar una sola hebra
de tu cabello tornasolado, tu cabello,
telar de atardeceres, tu cabello como cuerdas
de laúd.

Alguna vez supe de ti, de cómo estabas
hermosa durante el mahrayán[9],
sol de soles,
hilando cantigas sobre la almuzara,
parecías recién salida
del lebrillo de la miel y todo
se volvía halago.
Mezuzah[10] misteriosa que nadie intenta
abrir porque nadie recuerda.
Paseo como una carga
mi nostalgia de no haberte conocido,
expongo mi amor transeúnte
a la intemperie,
deseando el milagro de hallarte tangible.
Mientras te espero, creo escuchar
tu voz en la voz de la fiesta del verano,
te imagino doncella.
Y si hubiera un tirâz[11] que pudiera
abarcarte, te lo regalaría yo,
tejido con todo lo que de ti contienen mis pupilas.

---

[9] Mahrayán: árabe. Fiesta del verano.
[10] Mezuzah: hebreo. Estuche de madera que contiene un pergamino
recordando que Dios está en todas partes y lo ve todo. Preside la entrada de
las casas judías.
[11] Tirâz: árabe. Traje de gala con brocados de oro.

Ahí estaba la alcaicería.
Podía acercarme para intentar vender
esta locura hecha de jirones de ti.
Casi dolían los puestos de la seda,
y quemaban las telas resplandecientes
jugando en ellas la luz a ser guadamecí.

Sonidos de mezquita
con arcos que vuelven herradura
para estrecharte,
prisionera de Sefarad,
donde el agua
tañe el azud de una herida,
en un laberinto
donde no cabe ya otro corazón.

¿Ves cómo se desviven
las llamas de la menorah[12]
ante el Talmud[13]?
Así se desata mi corazón
con tu recuerdo.

---

[12] Menorah: hebreo. Candelabro judío de siete brazos.
[13] Talmud: hebreo. Texto sagrado judío.

Eres tú quien me seduce
convirtiendo en oro cada instante contigo
y, alquimista de mi tiempo, tú sobrehílas
razones y caricias sin saber
que antes has bordado el fuego de mis horas
sin ti.
Soy el tunbûr[14] que aguarda el roce de tus dedos,
como el tunbûr vibraré al calor
de tu palma.

---

[14] Tunbûr: árabe. Instrumento musical parecido al laúd.

Tu amor es un amor de medina
avasallada
—hekkal[15] profanado—
y a mi corazón seducido, alcaraván,
flecha, ráfaga al fin,
nada le impide
correr tras una huella de ala de pájaro
o seguir el ruido de una moneda.

---

[15] Hekkal: hebreo. Armario que guarda los rollos de la Torah, situado en el muro oriental de la sinagoga.

El atardecer atado al puente árabe,
el atardecer cruzado de colores, menorah[16]
en llamas.
Un cielo que se desviste dejando caer
todos sus velos en la aleya[17] incesante
del río.
¿Quién te conoció si no cuando eras tú,
estrella, mezuzah[18]?

---

[16] Menorah: hebreo. Candelabro judío de siete brazos.
[17] Aleya: árabe. Versículo del Alcorán.
[18] Mezuzah: hebreo. Estuche de madera que contiene un pergamino en el que se recuerda que Dios está en todas partes y lo ve todo. Preside la entrada de las casas judías.

Puedo llegar a ser la media luna
y estrella de David para subir a tu frente
y alcanzar tu pecho de ŷariŷa[19].
Añadir a tu aroma medieval los rezos
de la jara con el sándalo y
el brezo atardecido
que acuna el aire de tu sierra,
ser alheña de interior y tatuar
hasta el fondo de tu fondo
mi fiebre por ti, pero, además, puedo llegar a
perderlo todo para poseerte.

---

[19] Ŷariŷa: árabe. Muchacha que posee habilidades musicales.

El recuerdo me advierte
que antes te presentí como una duda mozárabe,
cuando mi corazón se dejaba
vencer hacia tu norte, en un vagar por la novedad
sabiéndola envejecida.
¿Qué podía hacer sino dejarme llevar hasta tu
puerta de arco herrado?
¿Cómo desprenderte de mis ojos celtas
si ya te desposaban?

Sin embargo
no supe verte en el sur, porque eras el exceso,
la blancura. Viveza, remolinos de
blancura cayendo en faralaes, blancura de azahar
atosigado. Claridades, agua, celosías,
viveza de geranios
tras la cárcel de un balcón.
El sur son los caprichos de la luz traspasada
sobre el agua y el sueño sefardí -la ausencia-
que se adueña de todo.
Te tenía tan cerca que el sur eras tú.
Pero la evidencia te había hurtado a mis ojos.

Tu hermosura sólo yo la sé,
viene hacia mí en un desencuentro
de patios y arabescos con recodos de morada judía.
Quieto el miedo converso de mirarte,
—siempre sin ti—
me la traen tus ojos albazanos
a través de un alfiz al que le pongo fantasías
de seda y manos de paloma.
Tu hermosura,
a la que voy y vengo con la languidez
de los campos saciados de soles,
vuelve a mi boca como una cantiga de desamor.

Sayida[20], favorita,
¡mírame una sola vez
y sabrás que te pertenezco!

---

[20] Sayida: árabe. Favorita.

A la hora en que el sol baja del cielo
convirtiendo en azafrán todo lo que toca
y la luz se vierte entera
sobre el al-rabad[21]
vuelvo hacia el puente por recuperar tus pasos
de virgen y vendimiarlos para mi casa.
Mi corazón es una jâbiya[22]
que ansía ser llenada: mi sustento
eres tú. Y así, paloma, ¿cómo voy a guardar
lo que me has dado pero no poseo?
Puedo beberme el vino… Pero la copa no me pertenece.

---

[21] Al-rabad: árabe. Arrabal.
[22] Jâbiya: árabe. Vasija grande para guardar alimentos.

El mediodía se desliza
como una barca
que te lleva a ti, al-Halisah[23], traspasada de luz,
con la piel y los cabellos demorados
en polvo de oro.
Filigrana mabí[24] del mediodía
¿qué artesano te puso sobre mi albacara
jaquelado mabí, mi alam[25],
mi azulejo?

[23] Al-Halisah: árabe. La Elegida
[24] Mabí: sefardí. Azul.
[25] Alam: árabe. Bandera.

Funduq[26], almunia o alhamí,
soy yo aguardando para hospedarte y tú,
alaroza, que no llegas.
Ŷam[27] por el que ven mis ojos, alberca donde bebo.
Las tejas, los hornos de ladrillo,
el puente que te llama, tu río, tus aromas,
el aire que reza por tus puertas,
la mirra de tu luz: no son sino favila de tu
rescoldo, vidriada por mi voz para restablecer
tus pasos. Reconstruyendo una huella, modelo
tu pisada, y mi amor es la arcilla
que la amanece, mi corazón mi alfar.

---

[26] Funduq: árabe. Alhóndiga.
[27] Ŷam: sefardí. Cristal, vidrio.

Sé por otras caligrafías
que mi palacio es una cárcel,
que huele a pan porque el horno está encendido,
que las granadas de mi corazón consumen
sus propias llamas.
¡Claro que hay agua en los surtidores
donde se vuelve amante la sombra y el frescor
sosiega las mejillas!
Pero las brasas prosiguen su obra como la rueca
hila su providencia.

Sabes que mis pupilas no te buscan
más que a ti.
Mi saráy[28] permanece oculta a mis ojos, sólo la hallo
en la geografía inútil de mis pensamientos;
una casida perenne
que asciende a tu almimbar y te sueña liberta
me conduce, rumí[29], a la tierra prometida.

---

[28] Saráy: sefardí. Palacio.
[29] Rumí: sefardí. Cristiano.

Era tu jaré[30] toda la primavera,
tus brazos como una luna.
La danza del Nayruz[31] te prolongaba.
Yo, tu barquero, esperaba para ofrecerte
mi kayik[32].

---

[30] Jaré: sefardí. Tela de seda estampada.
[31] Nayruz: árabe. Fiesta que festejaba la entrada de la primavera.
[32] Kayik: sefardí. Embarcación.

Quiero pensar que tú también
me buscas bajo las jaimas en el desierto,
ataifor movedizo de azafranes, mitad ocre,
mitad luz, y quiero
pensar que mi prisión es compartida
allá donde el color se saborea de naranja
y es a la vez intensidad de dátiles.

Ahora que voy llegando hasta tu nombre,
me pesa la razón como las piedras anochecidas.
Flecha y no hidjar[33] querría ser
y que una ballesta se llevara mi deseo
más allá del sol, a las vidrieras del horizonte.
Quiero y temo encontrarte.
Mi corazón es una cascada que no sabe detenerse.
Si vienes tú, sonarán como esquilas
las aguas por la alberca.
Arrayanes, alazor, cilantros
—con artes de al-'attar[34]—
jugarán a corro para ungir tu aliento.
Quiero y temo encontrarte.
De aljez y sal, blancura para mis ojos, serás tú si vienes.

---

[33] Hidjar: árabe. Piedra grande.
[34] Al-'attar: árabe. Perfumista, especiero.

Ha conseguido el aire
con sus manos de músico sahir[35] que
el agua suene como una lira: arrebatándola
a la noria cuando la alza.
Ámbar, amor. También el agua busca volver al
bexik[36] que la ha mecido, aunque sea una vasija
y se haya fragmentado.

---

[35] Sahir: árabe. Hechicero.
[36] Bexik: sefardí. Cuna.

A tu caravana miro de lejos
y veo una larga sura
de cosas que te pertenecen.
¡Qué afortunados los que te sirven
al-Halisah[37]!

---

[37] Al-Halisah: árabe. La Elegida.

Quien te haya borrado
no sabe que me desvela el camino.
Yo satisfaré el tributo igual que la miel y el suĉuk[38]
pagan el paladar más exigente.
He despreciado el carro para poner los pies
en tu desierto y veo que ha sido
necesario recrear la alhorma, mesumad[39],
para allegarte. Ahora que pierde
infinitud la distancia y mi diezmo es mi cordura
¿he de poner cerrojos en la puerta?

---

[38] Suĉuk: sefardí. Dulce, confitura.
[39] Mesumad: hebreo. Voluntariamente converso.

Derramo un corazón
artesano de lo imposible porque
soy jornalero de tu recuerdo y en la noche
mi alberca se llena, tan fácilmente
como una luna,
de algalia y sándalo, amor abîr[40],
y de la locura de no poseer nada tuyo.
Por eso creo verte
bajo la toca de gasa, sobre el arabá[41], pero
aún no eres tú.
Vuelve la aljama, suenan tus pasos
como una lira, se restablece el zoco con sus olores,
oigo el tunbûr[42]. Todo es un salat[43]
y mi pasión, en el desencuentro, es el versículo elegido.

---

[40] Abîr: árabe. Ámbar.
[41] Arabá: sefardí. Carro grande.
[42] Tunbûr: árabe. Instrumento musical parecido al laúd.
[43] Salat: árabe. Conjunto de las cinco oraciones del día.

Para llegar donde
se tuesta la luz y el ámbar se tamiza
sobre tu frente, ŷariŷa[44],
he perseguido el ruido de una moneda.
No era distancia lo que me separaba de ti
sino la música que no supe
hospedar, siempre fuera, buscándote.
Ahora puedo rozarte mustarib[45] y converso,
amarte como amas tú,
desde este lado que ya no existe,
como ama el barro cocido la mano
que lo convierte en cerámica.

---

[44] Ŷariŷa: árabe. Muchacha con conocimientos musicales.
[45] Mustarib: árabe. Arabizado.

Hekkal profanado,
ŷam por el que ven mis ojos,
mi alam, mi azulejo,

hermosa, estrella, saráy,
gacela, mezuzah,
Al-Halisah, doncella,
paloma.

Finalmente te he hallado a fuerza de no
poder encontrarme contigo.

"Blanco de cal con luz tostada, la avena le roza entera camino adelante, pespunteando calideces que no terminan. Ella bien sabe que por su falda se prenden oros con sabor a trigo y que la Campiña todo se lo arrebata dejando un crepitar de maíz y girasoles. Que no le alcanzan (¡ay!) las palmas de las manos cuando se trata de detener la voz áspera de la Serranía, por eso esgrime el Panteón como un guerrero. Guardián sí tiene.

¿Suena el Alcázar o se lo imagina?

Guadalajara tiene andar de virgen sarracena cuando baja el Alamín hacia el Henares. Y ese entornar los ojos hacia la espesura, le devuelve jirones de color convertidos en soles por el horizonte. Detrás, manos mudéjares le recuerdan que no le faltan dueño ni palacio y le presentan una corona musicada en gótico: lacería y ojivas escalando para venerarla. Para verla prisionera sin torre arrodillada en los siglos. Campesina de pronto. Despojada de su grandeza de otro tiempo. La mira el río restaurando su nombre, que piedras todavía hay muchas, mientras el Ocejón distante la requiebra bajo un pañuelo de aromas macerados. Una desnuda claridad, blanco de cal con luz tostada, la envuelve hoy a cambio de añejos atavíos, y lo que me enamora a mí es, precisamente, ese pasado que le han querido borrar a fuerza de no tenerlo en cuenta. Me enamora hasta la locura todo lo que le han robado".

Inmaculada Álvarez Pedreira

# ÍNDICE

# Anasba, amor, abîr

Déjame decirte.................................................9

A veces casi te encuentro................................10

Como agua de rosas dentro............................11

Para que no sólo sea verdad..........................12

De camino a la almazara.................................13

Alguna vez supe de ti.....................................14

Ahí estaba la alcaicería...................................15

Sonidos de mezquita.......................................16

Ves cómo se desviven.....................................17

Eres tú quien me seduce.................................18

Tu amor es un amor de medina......................19

El atardecer atado...........................................20

Puedo llegar a ser la media luna...................21

El recuerdo me advierte..................................22

Sin embargo....................................................23

Tu hermosura sólo yo la sé............................24

Sayida, favorita...............................................25

A la hora en que el sol ........................................26

El mediodía se desliza ........................................27

Funduq, almunia o alhamí ...............................28

Sé por otras caligrafías ......................................29

Era tu jaré ...........................................................30

Quiero pensar que tú también .........................31

Ahora que voy llegando hasta tu nombre .......32

Ha conseguido el aire .........................................33

A tu caravana miro .............................................34

Quien te haya borrado .......................................35

Derramo un corazón ..........................................36

Para llegar donde ...............................................37


Blanco de cal con luz tostada ...........................41

El Premio Internacional
Artemisa de Primer Poemario 2024
**Anasba, amor, abîr**
de **M.ª Inmaculada Álvarez Pedreira**
vio la luz
en noviembre de 2024
en Córdoba

Porque así lo siento... así lo escribo